Artischocke

BRUNO CICCAGLIONE

MIT ILLUSTRATIONEN VON
LINDA WOLFSGRUBER

mandelbaums *kleine gourmandisen*
N° 007

Die *kleinen gourmandisen* werden herausgegeben von
Michael Baiculescu und Margot Fischer.

www.mandelbaum.at
www.mandelbaum.de
ISBN 978-3-85476-515-8
© mandelbaum verlag eG, Wien 2016
office@mandelbaum.at
Wipplingerstr. 23, 1010 Wien
3. Auflage 2025
Lektorat: Inge Fasan
Satz: Michael Baiculescu
Umschlaggestaltung: Alexandra Varsek
Illustrationen: Linda Wolfsgruber
Druck: Interpress, Budapest

VORWORT

In den Familien des Latium, also der Region um Rom, lernen Kinder den Duft – man kann fast sagen, das Parfum – der grünen Artischocken, die in Olivenöl geschmort und mit Knoblauch, Petersilie und Minze aromatisiert werden, früh kennen. Reichhaltige und intensive Gerüche wie dieser bestimmen den Geschmackssinn der Bevölkerung der Gegend. Aber obwohl es in Italien eine der vielfältigsten Kochtraditionen für Artischocken gibt, ist dieses Gemüse kein typisches Kinderessen. Die Entdeckung der Liebe zur Artischocke mit ihrem bitteren Geschmack ist in der Region um Rom, aus der ich komme, fast so etwas wie ein Aufnahmeritual in das Erwachsenenalter.

Meine erste Bekanntschaft mit Artischocken im Haus meines Onkels war in der Tat nicht einfach. Er hatte seine Kindheit in der Kriegszeit und so auch die Hungersnot durchlebt. Den Geschmackssinn von Kindern zu verstehen und einzuschätzen, zählte nicht zu seinen Stärken. Das war wahrscheinlich der Grund, warum er als Familienvater klare und strikte Essensregeln für seine Familie setzte – vor allem für seine Kinder: Alle Familienangehörigen aßen zusammen, immer um die gleiche Uhrzeit, und man durfte nicht aufstehen und die Tafel verlassen, solange noch Speisen auf dem Teller einer Person lagen. Als 5-Jähriger war ich einmal zufällig bei meinem Onkel und meinen Cousins und Cousinen zum Mittagessen. Auf meinem Teller lag eine Artischocke *alla romana*. Das Parfum war intensiv. Die Tante hatte sie langsam und lange in Olivenöl und Zitronenwasser geschmort. Bis zu diesem Tag hatte ich noch nie Artischocken probiert, aber die Tischregeln meines Onkels ließen mir keine Wahl. Er sagte: »Du isst sie wie alle anderen auch. Wir bleiben am Tisch sitzen, bis du sie aufgessen hast. Notfalls warten wir bis morgen.« Meine Proteste waren nutzlos. Der Onkel war nicht so nachsichtig wie die Oma. Seinen Befehlen musste man gehorchen. So würgte ich die Artischocke hinunter und traf dann für mich eine felsenfeste Entscheidung: »Ich werde in meinem Leben nie wieder Artischocken essen!«

Es hat ungefähr zehn Jahre gedauert, bis ich diese traumatische Erinnerung überwinden konnte. Zu dieser Zeit habe ich nicht nur begonnen, die Schönheit von Mädchen zu schätzen, eine geheimnisvolle Energie weckte generell meine Neugier. In dieser Zeit kam mir der Geruch geschmorter Artischocken, die meine Mutter für meinen Vater zubereitete, so interessant vor, dass ich sie probierte. Das war mein Aufnahmeritual in das Erwachsenenalter – eine echte Initiation also.

CONTRO IL LOGORIO DELLA VITA MODERNA: CYNAR

Für die Italiener und Italienerinnen, die in den 60er- und 70er-Jahren Kinder waren, ist die Artischocke zwangsläufig mit einer Erinnerung verbunden: mit Cynar, dem Artischockenlikör, genauer gesagt mit dessen Fernsehwerbung. Die Werbeindustrie war damals noch jung, die Spots waren nicht so kurz wie heute, sie hatten eher Kurzfilm-Charakter, außerdem war die Werbung klar getrennt von anderen Sendungen. Der einzige bestehende Fernsehkanal – er gehörte der RAI – hatte ein eigenes Programm für Werbespots: »Carosello« (Karussell). Täglich um 20 Uhr wurde es ausgestrahlt und es wurden jeweils drei oder vier »Kurzfilme« hintereinander gezeigt. Die Kinder warteten auf ihre Lieblingsgeschichten, die in Wirklichkeit Lieblingsprodukte waren, mit ihren Lieblingsfiguren oder LieblingsschauspielerInnen. »Carosello« war für die Kinder das Ende des Tages:

Wenigstens zwei Generationen hörten von ihren Eltern den Satz: »Nach Carosello ins Bett!«

Die Werbekurzfilme von Cynar waren immer sehr lustig und endeten mit einem ungewöhnlichen Bild und mit einem Slogan, der für uns Kinder rätselhaft war: In der Mitte einer Kreuzung, mitten im Verkehrschaos einer Stadt (der 1960er Jahre!) sitzt ein Mann an einer gedeckten Tafel, trinkt Cynar und sagt mit absoluter Ruhe: »*Contro il logorio della vita moderna: bevi Cynar!*« (Gegen die Belastungen des modernen Lebens – trink Cynar!) Und er meint das ernst.

Es ist einerseits bemerkenswert, dass einige Werbefachleute in den Zeiten des italienischen Wirtschaftsbooms ein derart kritisches Bild der modernen Welt und des Fortschritts darstellten. Auf der anderen Seite ist es auch interessant, dass die Artischocke als Symbol eines »besseren« Lebensstils präsentiert wurde und dieser wiederum mit ländlicher Idylle liebäugelte. Man sah in diesen Kurzfilmen nämlich auch Bauern, die auf den Artischockenfeldern arbeiteten – der Kontrast zum Verkehrschaos könnte nicht klarer sein. So viel zur gespaltenen italienischen Gesellschaft der 1960er Jahre.

Die Werbung könnte aber auch die Vision des venezianischen Geschäftsmanns und Mäzens Angelo Della Molle widerspiegeln. Er war der Erfinder des Cynar und propagierte einen wissenschaftlichen Fortschritt, bei dem der Mensch zentral blieb.

In der 1990ern wurde die Firma von Campari gekauft und neuerdings, um den Likör wieder zu lancieren, mit einer neuen Serie von Werbespots versehen – mit einer klaren Anspielung auf die alten Filme. Diesmal ist die Ironie dominant. Die Werbeträger (und Schauspieler) sind die Musiker der Band »Elio e le storie tese«, eine geniale und sehr komische Band. Wie im alten Spot sitzen die Musiker im Zentrum einer Kreuzung, mitten im Verkehrschaos einer Stadt, und trinken Cynar. Ein kleines Musikstück – von der Band gespielt – ist zu hören. Der Humor ist subtil: Elio singt einfach »Carciofon« (große Artischocke). »Carciofon« ist eigentlich die ironische (fast ein wenig beleidigende) Beschreibung eines introvertierten Menschen, der nicht aus sich herausgeht. Der alte Slogan wird wiederverwendet: *»Contro il logorio della vita moderna!«* Nur das Ende ist überraschend: Als Elio seinen Freunden nachgießen möchte, bemerkt er, dass die Flasche leer ist. Schock, Chaos, Stillstand – sogar die Autos stoppen. Als *deus ex machina* wächst eine gigantische Artischocke (ein »Carciofon«) um die Band, klappt zu, wird zur Raumkapsel und fliegt mit den Musikern davon.

Die Artischocke als Retterin aus dem Chaos? Wenn es nach mir geht, schon.

CYNARA, DIE NYMPHE, DIE IN EINE ARTISCHOCKE VERWANDELT WURDE

In der griechischen Mythologie sind die Nymphen niederrangige Gottheiten der Pflanzen und der Wiesen, der Meerestiere und des Regens. Sie sehen wie schöne Mädchen aus und beschenken Menschen wie Götter mit ihrer Liebe. Der fesselnde Charme der Artischocke hat schon die alten Griechen fasziniert, wie die Geschichte der Nymphe Cynara zeigt. Cynara, so der Mythos, war ein wunderschönes Mädchen mit grünen und violetten Augen und Haaren in der Farbe der Asche, in die Zeus heftig verliebt war. Mit seiner Macht versuchte der Göttervater Druck auf Cynara auszuüben, um ihre Liebe zu gewinnen, aber die Nymphe war stolz und wies ihn ab. Wutentbrannt verwandelte Zeus Cynara in eine Artischocke, so grün und stachelig wie die Wesensart des

Mädchens. Die Artischocken, so sagt uns der Mythos, sind außen hart und dornig und man braucht Geduld und Umsicht, um ihr weiches, mildes Herz zu erreichen.

Die Verbindung mit der Mythologie ist natürlich nicht zufällig, weil die Pflanze aus dem östlichen Mittelmeergebiet stammt. Die Geschichtsforscher und -forscherinnen meinen, dass für die Verbreitung der Artischocken die Araber eine wichtige Rolle gespielt haben, so wie für viele andere Gemüse auch. Darauf lässt auch der heutige Name der Artischocke schließen: Auf Italienisch, Spanisch und Portugiesisch heißt sie *Carciofo*, *Alcachofa* und *Alcachofra*, das vom Arabischen, *al harshuff* herkommt. Auf Englisch, Französisch und Deutsch sowie in anderen Sprachen Nordeuropas finden wir Bezeichnungen, die sich aus dem lateinischen Namen der Pflanze ableiten. Alte italienische Namen der Artischocke sind *Alcocalum*, *Articocalus*, *Articiocco* und *Articiocca*. Man kann daher annehmen, dass Italien eine wichtige, wenn nicht *die* Brücke für die Verbreitung der Artischocken in Europa war.

Sowohl griechische als auch römische Schriftsteller haben über die Verwendung der Artischocke berichtet. Unklar bleibt dabei, welche Sorte Artischocken sie gemeint haben. Wahrscheinlich haben sie über wilde Artischocken geschrieben, nicht aber über diejenigen, die wir heute essen. Die neuesten Forschungsarbeiten zeigen,[1] dass Kultur-Artischocken in der Antike nicht bekannt waren. Der Anbau wurde im 1. Jahrhundert nach Christus wahrscheinlich in Sizilien aus der progressiven Auslese von Karden[2] begonnen.

[1]   Gabriella Sonnante, Domenico Pignone, Karl Hammer: *The Domestication of Artichoke and Cardoon: From Roman Times to the Genomic Age*. In: *AOBPreview*, 4. Juli 2007, http://aob.oxfordjournals.org/content/100/5/1095.full

[2]   Wilde Karde, *Dipsacus fullonum* L., Syn. *Dipsacus sylvestris* Huds.

EINE REISE IN DEN NORDEN

In den Gesellschaften, die sich am Mittelmeer entwickelten, finden wir die ersten Spuren der Artischocken: Vor kurzem wurden in der archäologischen Ausgrabung einer römischen Kolonie in Ägypten (232–68 v. Chr.) Samen einer Pflanze gefunden, bei denen es sich wahrscheinlich um die wilde Artischocke handelt. Nachdem die wilden Sorten domestiziert waren, hat die Auslese viele verschiedene Sorten generiert, die sich in der Dimension ihrer Knospen (Blütenstände), der Größe der Pflanzen, den Farben (violett oder grün, hell oder dunkel), dem Vorhandensein oder der Härte der Dornen unterscheiden. Es gibt mittlerweile viele lokale Sorten.

Die Geschichte der Artischocke könnte man auch als ein schrittweises Erobern der Länder, in denen diese Pflanze angebaut wurde, in Richtung Norden bezeichnen. Die Entwicklung der Kultivierungsmethoden durchlief verschiedene Phasen. Die Zeiträume für Pflanzung, Genuss und die Verwendung von Artischocken waren sehr von den Methoden abhängig. Eine Pflanze, die nicht so einfach einen kalten Winter überleben kann, war nicht leicht zu erhalten und oftmals zu teuer. Die erste wichtige Phase der Verbreitung der Artischocken und ihres Erfolgs begann erst in der Neuzeit. So findet man am Ende des 15. Jahrhunderts in der Literatur Hinweise auf Artischocken in Florenz und in Venedig. Im 16. Jahrhundert haben wir Nachweise für den Anbau in Frankreich zuerst in Avignon, dann in der Loire-Gegend und schließlich auch in England. Der außergewöhnliche Fortschritt im Feldbau hatte zur Entwicklung von Agrartechniken geführt, die die Pflanzen vor der Winterkälte schützten und die eine bessere Kontrolle des vegetativen Zyklus' der Pflanzen ermöglichten. Das verlängerte die Anbau- und Erntezeit. Auch die Zuchtmethoden wurden verbessert.

Die neuen Technologien waren aber komplex und aufwendig, daher wurden Artischocken fast nur in Gemüsegärten mit engen Handelsbeziehungen zu Städten und zu vermögenden Abnehmern kultiviert. Man produzierte mit traditionellen Methoden während eines verhältnismäßig kurzen Zeitraums im Jahr.

Erst zwischen dem Ende des 19. und dem Beginn des 20. Jahrhunderts kam es zu substantiell verbesserten, modernen Anbaumethoden, die eine komplette Anpassung der Pflanzen an die Umweltbedingungen ermöglichten.

LEGENDEN, GESCHICHTEN UND DIE KUNST

Mit der wachsenden Verbreitung der Artischocken in Europa fand das bittere Gemüse Eingang in Volkserzählungen, die manchmal zu echten Legenden wurden. Bildende Künstler und Künstlerinnen haben ihre Arbeiten mit Artischocken bereichert, auch in der Dichtung kamen sie plötzlich vor.

Die Legende über Caterina de' Medici (1519–1589), die florentinische Frau des französischen Königs Henri II (1519–1559), besagt, dass sie die Artischocken nach Frankreich gebracht und in die französische Küche eingeführt habe. Heute wissen wir, dass diese Begebenheit historisch nicht belegt ist. Aber die Legende sagt viel über den Stolz der Italiener und Italienerinnen aus, über ihre Kultur und ihre Kenntnis der Artischocken. Denn die Legende sagt auch, dass Caterina de' Medici eine große Leidenschaft für dieses Gemüse hegte. Auf keinem Bankett durften Artischocken fehlen, sie verschlang sie geradezu. Die Artischocken-Schlemmerei der Königin fanden übrigens viele merkwürdig.

Auch in der Kunst hat die Artischocke ihren festen Platz. Die ersten Darstellungen findet man in tunesischen Mosaiken des 3. Jahrhunderts und in etruskischen Gräbern. In der Neuzeit werden Artischocken zunehmend Bestandteil von Stillleben, vor allem in Italien, Spanien und Frankreich. Und auch im Bereich der bildenden Kunst gibt es Artischocken-Legenden: jene über Michelangelo Merisi etwa – besser bekannt als Caravaggio (1571–1610). Sie handelt vom reizbaren und übellaunigen Charakter des Malers. So wollte er, der immer mit seinem Schwert unterwegs war und dieses auch benutzte (bis hin zu einem Mord), in einem Gasthaus in Rom Artischocken essen. Ein Lehrling brachte ihm die auf zwei Arten zubereiteten Köstlichkeiten. Ein Teil war in Olivenöl, der andere Teil in Butter geschmort. Auf die Frage Caravaggios, welche denn nun in Öl und welche in Butter zubereitet worden seien, empfahl ihm der Lehrling, an den Artischocken zu riechen, um es selbst herauszufinden. Verärgert über diese Antwort warf der Künstler den Teller voller Artischocken in Richtung des Lehrlings und verfolgte ihn mit dem gezückten Schwert.

Auch aus der italienischen Renaissance gibt es verschiedene Gemälde, in denen wir Artischocken sehen, wie z.B. im Bild »Die Gemüsegärtnerin« von Vincenzo Campi (1530/35/36–1591). In diesem Bild sind Artischocken noch nicht zentral, sie sind ein Gemüse unter anderen. Das ändert sich im »Sommer« von Guiseppe Arcimboldo (1526–1593). In diesem Teil der Serie über die vier Jahreszeiten stellt er den Sommer als weibliches Profil dar, das sich aus vielen verschiedenen Obst- und Gemüsesorten zusammensetzt. Der Artischocke kommt eine spezielle Rolle zu: Sie ist das einzige Gemüse, das »realistisch« dargestellt ist. Sie ist keine Nase wie die Gurke, kein Ohr wie die Melanzani (Aubergine); sie wird nicht verwendet, um eine Backe zu symbolisieren wie der Pfirsich. Die Artischocke entwächst der Brust der »Frau«. Sie ist das einzige Gemüse, das bleibt, was es ist – ein Gemüse. Das macht die Symbolik der Artischocke stärker. Vielleicht liegt der Grund für diese spezielle Rolle in einer subtilen erotischen Bedeutung: Die Artischocke – auf Italienisch ist sie männlich, *il carciofo* – ist ein klassisches Phallus-Symbol. Der Sommer im Gemälde ist eine Frau, denn auf Italienisch sind der Sommer *(l'estate)* und der Frühling *(la primavera)* weiblich. Daher hat Arcimboldo für diese Jahreszeiten zwei weibliche Verkörperungen gewählt. Artischocken würde man darüber hinaus eher in der »richtigen« Jahreszeit erwarten, also im Winter oder Frühling. Im Italien Arcimboldos war der Sommer nicht die Jahreszeit der Artischocken. Vielleicht stellt die Artischocke, die aus der Brust einer Frau herauswächst, ihr Herz dar. Es hat einen harten und dornigen äußeren Teil, der die süßen und fragilen Teile schützt – ein Herz, das immer außerhalb der Zeit, außerhalb jeglicher Jahreszeit ist.

Bei Arcimboldo ist der Mensch wortwörtlich aus Stücken des Lebens anderer komponiert. Welches Gemüse oder welches Obst welchen Teil des Gesichts darstellt, hat Arcimboldo wohl überlegt, alle haben eine bestimmte allegorische Bedeutung. Daher zeigt er auch die inneren Organe – hier eben das Herz. Viel später hat das auch Frida Kahlo gemacht – allerdings mit einer ganz anderen Lebensvision. Was für eine mysteriöse Faszination Artischocken doch ausüben!

Zu Beginn des 20. Jahrhunderts sind Artischocken die Hauptelemente verschiedener Gemälde von Giorgio de Chirico (1888–1978) – mit einer noch eindringlicheren Intensität. Eines seiner ersten Bilder ist »Melanconia di un pomeriggio« (Melancholie eines Nachmittags). Der Titel allein erklärt schon, wie der Künstler die Artischocken als Symbole seiner melancholischen Emotion verwendet: In diesem Gemälde ist die Melancholie eine wesentliche Facette des Bewusstseins, der sich alle Menschen stellen müssen, die das Geheimnis und den Sinn des Lebens erforschen wollen. Die Melancholie – symbolisiert durch die Artischocken – ist mit Nostalgie vermischt, in etwa wie das Fernweh. Sie enthält eine gewisse Unruhe, die uns bewegt, die uns reisen lässt, die aber ganz anders gelagert ist als z.B. Lebensangst. De Chiricos Bestreben war es, »Gedanken zu sehen« und darzustellen. Zu einem unbelebten Platz mit einem langen Schatten, den die sinkende Sonne erzeugt, erklärte de Chirico: »Ich fing an Dinge zu malen, in denen ich das starke und geheimnisvolle Gefühl äußern wollte, dass ich in den Büchern von Nietzsche entdeckt hatte. Die Melancholie der schönen Herbstnachmittage italienischer Städte.«

Die Artischocken als Symbole des Spiels dieser Gefühle sieht man auch im Gemälde »Nature morte: Torino printaniére« (Stillleben: frühlingshaftes Turin): Eine Artischocke liegt zusammen mit einem Buch und einem Ei auf einer Theaterbühne, von der man eine Aussicht auf die Stadt hat. Noch rätselhafter ist die Rolle der Artischocken in einem Gemälde von 1915 (Teil einer Gruppe von Gemälden mit dem Titel »Pittura metafisica« – Metaphysische Malerei), auf dem zwei große Artischocken auf einem Gestell in einer städtischen und düsteren Landschaft liegen; ein Stadtmobiliar voller Gefahr ankündigender Symbole, eine klare Anspielung auf den Ersten Weltkrieg. Eine weiße Kanone mit zwei Kanonenkugeln, eine große Uhr, im Hintergrund ein rauchender Zug und zwei große rauchende Fabriksschlote. Heute lesen wir in solchen Kunstwerken die Zweifel des Künstlers an der technologischen Illusion der Moderne. Die Artischocken sind die Hauptelemente der Gemälde und zugleich Fremdkörper in solchen Landschaften.

Eine ganz andere Symbolik hat Pablo Picasso (1881–1973) in seinem Gemälde »La femme à l'Artichaut« (Frau mit Artischocken, 1941) benutzt: Er porträtiert seine damalige Lebensgefährtin Dora Maar, eine Fotografin, die in der Pariser Welt des Surrealismus sehr bekannt war, mit einer Artischocke in der Hand. Die Anspielungen im Gemälde sind vielfältig, vor allem gibt es eine klare erotische Symbolik. Die Artischocke ist in vielen Volkstraditionen ein Gemüse mit aphrodisischer Wirkung, das auch die Fruchtbarkeit fördert. Der Saft der Artischockenblätter wurde etwa dazu benutzt, die Schwangerschaft einer Frau zu bestimmen. Die Frau musste den Saft der Artischockenblätter trinken. Erbrach sie, war das die Bestätigung der Schwangerschaft. Darüber hinaus ist die Form der Artischocke phallisch. Das inspirierte Picasso sicherlich, eine weibliche Figur zu malen, die unerbittlich die Artischocke festhält. Ihre Hand umklammert entschlossen den langen, festen Stiel. Zweifellos war der Erfinder des Kubismus von der Artischocke fasziniert. Betrachtet man jedes ihrer Blätter von einem unterschiedlichen Blickpunkt aus, ist es fast so, als ob die Form der Knospe schon die Idee des Kubismus in sich trägt. Darüber hinaus wurde die Artischocke in diesem Gemälde auch in eine merkwürdige mittelalterliche Waffe verwandelt: Der Künstler, bekannt für seine Härte gegenüber den Frauen, die ihn liebten, hat hier die Hand seiner Freundin aufgerüstet. Hat die Frau in der Artischocke endlich das angemessene Verteidigungsgerät gefunden? Oder will Picasso, der mit seinen Partnerinnen ständig in Konkurrenz stand, sagen, dass der Eros den einzigen Bereich darstellte, in dem seine Partnerin ihm ebenbürtig war oder ihn tatsächlich besiegen konnte?

Für Liebhaber und Liebhaberinnen der Artischocken ist auch das Gedicht des chilenischen Dichters Pablo Neruda (1904–1973) sehr aufschlussreich, der in seiner Ode an die Artischocke (»Oda a la alcachofa«, 1954) ein Loblied auf dieses Gemüse anstimmt. Dabei darf man nicht vergessen, dass die Artischocke im Spanischen, Italienischen und Französischen männlich ist. Die Artischocke von Neruda, die Picasso fast wie eine Waffe in der Hand seiner Partnerin dargestellt hat, ist hier ein Krieger. Mit ihrem (seinem) harten Panzer schützt sie alle anderen Gemüsesorten des Gartens. Die Karotte kann schlafen, der Wirsing – weiblich auf Spanisch – zieht einen Rock an, der Oregano kann die Welt parfümieren ... Die Artischocke wird aufgewertet und ist im Gedicht tatsächlich eine Waffe – eine Granate. Ihre Kraft besteht darin, all die anderen Pflanzen und Gemüsesorten zu bewachen.

> *(...)*
> *und dort im Garten*
> *die sanfte Artischocke,*
> *als Krieger geschmückt,*
> *die Stolze, sie glänzte*
> *wie eine Granate*
> *(...)*

Der »Krieger« kann seine martialische Rolle letztlich auf einem Markt hinter sich lassen, als eine Frau – Maria – ihn mit Weisheit mustert und ihn beim Einkauf auswählt. Beim Essen findet er letztlich seinen Frieden:

> *(...)*
> *So endet in Frieden*
> *die Laufbahn*
> *dieser wehrhaften Pflanze*
> *die sich Artischocke nennt,*
> *und dann lösen wir*
> *Schuppe um Schuppe*
> *der Köstlichen ab*
> *und verzehren*
> *das friedliche Fleisch*
> *ihres zärtlichen Herzens.*[3]

---

3   Pablo Neruda: Das lyrische Werk. Hg. v. Karsten Garscha, S. 305

Auch die chilenische Schriftstellerin Isabel Allende preist in ihrem Buch »Aphrodite – Eine Feier der Sinne« Bett- und Tafelfreuden und führt uns in die Welt der Genüsse ein. Sie feiert die Artischocke als aphrodisisches Gemüse und stellt ein interessantes Rezept vor.

DIE ARTISCHOCKEN HEUTE

Die vielen verschiedenen Sorten der Artischocken sind ein wichtiges Produkt der Landwirtschaft Südeuropas, vor allem Italiens, Spaniens und Frankreichs. Ungefähr 60 Prozent der Weltproduktion kommen aus den Mittelmeerländern. In den letzten Jahren zeigen die Statistiken der internationalen Organisation für Ernährung und Landwirtschaft (FAO), dass das Ausmaß der Kultivierung der Artischocken stabil geblieben ist. Große Anbauflächen gibt es in Ländern wie Algerien, Ägypten, Chile, China, Marokko, Peru, USA, Tunesien und Türkei. In Amerika ist der Top-Produzent Peru (ca. 97.000 t pro Jahr), in Afrika Ägypten (ca. 460.000 t), in Asien China (81.000 t). In Europa ist Italien der größte Erzeuger mit Kulturen in Sizilien, Apulien, Sardinien sowie in Ligurien, der Toskana, Latium und – in kleineren Mengen, jedoch mit ausgezeichneter Qualität – in Venetien.

Die jährliche Produktion Italiens beträgt ca. 378.000 t, das waren im Jahr 2023 rund 24 % der Weltproduktion. An zweiter Stelle kommt Spanien. Die Produktion dort hat sich jedoch in den letzten Jahren von 427.000 t auf 200.000 t verringert, sie wurde in die Länder des Maghreb ausgelagert, wo man billiger produzieren kann. An dritter Stelle steht Frankreich mit ca. 22.000 t. Diese Zahlen erklären, warum es gerade in Italien so viele verschiedene Artischockenrezepte und Kochtraditionen gibt. Sie sind aus der Verschiedenartigkeit der Sorten und den unterschiedlichen Klimabedingungen entstanden.

In Italien gibt es mehr als 60 verschiedene Artischockensorten, mehr oder weniger dornig, hellgrüner oder dunkelgrüner, violett, kugelrund oder oval. So wird gerne ein Zitat erwähnt, das Vittorio Emanuele II (1820–1878), dem ersten König des vereinten Italien, zugeschrieben wird: »Italien ist wie eine Artischocke: Man muss ein Blatt nach dem anderen genießen!« Ja – Italien und seine Vielfalt sollte man langsam und genüsslich erkunden.

ALLES WIRD VERWENDET

So wie für das Schwein gilt auch für die Artischocke: Kein Teil wird weggeworfen. Die *capolini* – die Köpfchen – sind die Knospen, die gemeinhin als Artischocken bezeichnet werden. Lässt man sie austreiben, werden sie zu wunderschönen lilafarbenen Blüten. Aber wir wollen sie natürlich essen und zwar entweder gekocht oder roh, als Vorspeise, als Hauptspeise, als Beilage und in salzigen Tartes. Es gibt unzählige Rezepte, die mit *capolini* zubereitet werden. Die Konservenindustrie legt Artischockenherzen in Öl oder in Lake ein, auch als Tiefkühlprodukte werden sie angeboten oder für die Erzeugung von Aufstrichen verwendet.

Die Stiele, obwohl nicht so erlesen wie die Herzen, können auch für viele Rezepte verwendet werden, wenn man sie von ihrer äußeren Schicht befreit.

Aus den Blättern der Artischocke werden Wirkstoffe für Liköre (z.B. Cynar), Pharmazeutika, Kosmetika und kalorienarme Süßstoffe gewonnen. Die Phytotherapie verwendet die Artischockenblätter für Abkochungen, die sehr wirksam den Cholesterinspiegel senken. Die Wurzeln und Wurzelstöcke werden für die Zubereitung von Aufgüssen verwendet, die die Leberfunktionen stimulieren, harntreibend wirken und für ihre leichten Abführeffekte bekannt sind. Die Artischockenpflanze wird aufgrund des hohen Nährwerts und der niedrigen Kosten auch als Futtermittel verwendet. Aus den industriellen Abfällen der Artischockenfasern wird sogar Alkohol erzeugt.

Mit anderen Worten: Die Artischocke ist, wie man es schon im Altertum wusste, für die Gesundheit von unschätzbarem Wert. Heute wissen wir, dass sie reich an Kalzium, Eisen, Natrium, Phosphor und Kalium sowie an den Vitaminen A, B1, B2, C ist. Sie stimuliert die Leber, reinigt das Blut und stärkt das Herz. Keine Überraschung also, dass den Artischocken auch eine aphrodisische Wirkung zugeschrieben wird.

ARTISCHOCKENANBAU

Da die Artischocken vom Mittelmeer stammen, brauchen sie mildes Klima, gemäßigte Lufttemperatur, die nie Minusgrade erreicht, und relativ viel Feuchtigkeit. Die Artischocken sind mehrjährige Pflanzen und tragen drei bis vier Jahre lang genießbare Früchte. Viele der Sorten können zweimal im Jahr geerntet werden, aber nur eine der Ernten ist üblicherweise für den Verzehr geeignet. Für die Bauern und Bäuerinnen, die in Italien, Südfrankreich oder Spanien Artischocken anbauen, ist es ein typisches Winter- und Frühlingsgemüse. Diese Jahreszeiten bieten das, was die Pflanze braucht. Der Sommer ist in diesen Ländern dagegen oft zu trocken und zu heiß, um gute und essbare Artischocken hervorzubringen. In Sizilien kann man das im Sommer ganz einfach beobachten: Die Knospen der Pflanze, also das, was wir gemeinhin als Artischocken bezeichnen, sind klein und von der Sonne des Mittelmeers vertrocknet, ja fast verbrannt. Die Artischockenfelder sind zu dieser Zeit gelbbraun.

Dagegen ist der Sommer in Nordeuropa die beste Zeit für den Anbau von Artischocken. Einige eingefleischte Fans haben in den letzten Jahren damit begonnen, Artischocken in unseren Breitengraden zu kultivieren. Es gibt inzwischen Produzenten und Züchter, die neue Anbaumethoden für weiter nördlich gelegene Gebiete entwickelt haben. So wachsen heutzutage große Mengen qualitativ hochwertiger Artischocken z.B. in Österreich oder Deutschland. Für sie ist vom Sommer bis ca. Anfang Oktober Erntezeit.

Jede Pflanze braucht ungefähr einen Quadratmeter Boden und bringt drei oder vier Jahre lang Artischocken von guter Qualität hervor. Danach sollten neue Pflanzen an einem anderen Platz im Garten oder auf dem Feld gesetzt werden. Die besten Artischocken sind die ersten, die die Pflanze hervorbringt. Normalerweise kann eine Pflanze pro Saison vier bis fünf Artischocken guter Qualität produzieren. Die weiteren Artischocken, die eine Pflanze hervorbringt, werden von mal zu mal trockener und sind daher nicht so gut geeignet. Geerntet wird, wenn die Stiele eine gewisse Länge erreicht haben – je nach Sorte ist das unterschiedlich – und solange die äußeren Blätter der Knospe bzw. des Blütenstandes noch geschlossen sind. Schneidet man die Artischocken nicht ab, beginnen sie zu blühen: Es entstehen wunderschöne, spektakuläre intensiv lilafarbene Blüte.

IN DER KÜCHE

In den Mittelmeerländern mit ihrer langen kulinarischen Artischockentradition spiegeln die Rezepte und die Art der Zubereitung oft Winter und Frühling wider. Die Artischocken werden mit anderen Produkten der jeweiligen Saison kombiniert. Ein Klassiker der römischen Küche ist zum Beispiel Lamm mit Artischocken – ein Rezept, das früher im Winter bis längstens Ostern zubereitet wurde. Weiter im Norden wird die Artischocke im Sommer angebaut und ist daher ein Sommer- und Frühherbstgemüse.

Für einen italienischen Koch ist es eine inspirierende und stimulierende Erfahrung, auch im Sommer frische und gute Artischocken zu bekommen, so wie es heute in Österreich oder in Süddeutschland möglich ist. Die Rezepte in diesem Büchlein sind also teilweise Klassiker der mediterranen Kochtradition – natürlich spielen italienische Zubereitungen dabei für mich die größte Rolle. Aber es gibt auch Gerichte, in denen sich diese andere Ausgangslage niederschlägt – schließlich lebe und arbeite ich in Wien, und hier gibt es heimische Artischocken im Sommer. Das erlaubt neue Kombinationen. Das Kochen mit Obst- oder Gemüsesorten, die es früher bei uns nicht gab, ist aber nicht unbedingt neu: Die heutigen Hauptprodukte unserer Kochtraditionen, wie etwa die Tomate in Italien oder die Kartoffel in Nordeuropa, kamen ursprünglich aus Amerika. Auch dazu mussten erst Rezepte erfunden werden. Die Küche ist der Ort, an dem unterschiedliche Kulturen und Traditionen leicht zusammenfinden, wo die multikulturelle Dimension das Kommando hat. Und dieses lautet: Ausprobieren!

Kombinationen

Ich möchte, bevor wir zu den Rezepten kommen, mit ein paar Tipps beginnen: Artischocken eignen sich gut als Vorspeise, als Beilage zu Fleisch oder Fisch, aber auch als Hauptspeise. Die beste Freundin der Artischocke ist die Zitrone. Ohne sie geht in puncto Artischocken gar nichts. Wer Artischocken kochen will, sollte außerdem Olivenöl (Butter eignet sich ebenfalls sehr gut), Knoblauch, rote Zwiebeln und Kräuter wie Minze, Petersilie und Thymian zur Hand haben.

 **DAS WEIN-ARTISCHOCKEN-DILEMMA**

Das Kombinieren von Wein und Essen ist eine faszinierende Disziplin, die ihre eigenen Regeln hat: Man benötigt eine profunde Kenntnis der Produkte, der Rezepte – auch der Garmethoden, die die Eigenschaften der Lebensmittel verändern – und natürlich eine ebenso profunde Kenntnis der Weine. Wenn wir über eine Weinempfehlung für Artischocken nachdenken, ist die Herausforderung so speziell, dass es in der Vergangenheit oft einfach hieß: »Kein Wein zu Artischocken!« Der Grund für die Kapitulation vor dieser großen Aufgabe – besonders in den Ländern des Mittelmeers, in denen Wein eine zentrale Rolle spielt – hat mit der Komplexität der Inhaltsstoffe der Artischocken zu tun. Die Säure Cynarin überträgt den typisch bitteren Geschmack der Artischocken und die Wirkung der Tannine verändern unseren Geschmackssinn: Alles wird sofort entweder zu bitter oder – paradoxerweise – zu süß. Auch die Art der Zubereitung einer Speise ist für das Herausfinden einer guten Kombination wichtig. Die rohe Artischocke hat im Geschmack zwei deutliche Noten: Sie wirkt adstringierend (und erzeugt damit ein pelziges, trockenes Mundgefühl) und sie ist bitter. Der

passende Wein sollte die Aggressivität der
Tannine kompensieren und fruchtig
und pur sein: ein Prosecco oder ein
Sekt etwa oder so mancher bio-
dynamisch erzeugte Malvasier. Rote
Weine sind mit Rezepten, in denen die
Artischocken gekocht werden, wahrscheinlich komplizierter zu kombinieren.
Sie sollten fruchtig und jung sein, vor allem
für Vorspeisen. Man sollte Weine ohne Tannine wäh-
len – also keine aus dem Eichenfass. Die beste Empfeh-
lung sind Weißweine, vor allem prickelnde: Das Koh-
lendioxid und die süßen Bestandteile kompensieren die
adstringierende Wirkung der Artischocken.

REZEPTE

DAS PUTZEN DER ARTISCHOCKEN

Es ist wichtig zu wissen, dass Artischocken eine relativ große Menge an Eisen enthalten. Wenn man also die äußeren Blätter wegschneidet, oxidieren die Schnittstellen durch den Sauerstoff, mit dem sie in Berührung kommen. Deshalb verfärben sich die inneren Blätter, die Artischockenherzen und all die hellen und schönen Teile, die für den Genuss des Gemüses gedacht sind, schwarzbräunlich. Auch die Hände werden bei der Vorbereitung der Artischocken schnell braun. Um den Oxidationsprozess zu verhindern, die schöne Farbe der Artischocken zu erhalten und auch unsere Hände und das Schneidebrett nicht zu schmutzig zu machen, verwenden wir Zitrone. Die Artischocken legen wir nach dem Putzen sofort – ob im Ganzen oder in Stücke geschnitten – in kaltes Zitronenwasser. Die Hände schützt man entweder, in dem man sie vorher mit einer Zitrone abreibt oder man verwendet Lebensmittelhandschuhe. Und das Schneidebrett sollte man, unmittelbar nachdem man die Artischocken fertig geputzt und geschnitten hat, mit Zitronensaft und Wasser säubern.

Für viele Rezepte ist die Vorbereitung der Artischocken immer dieselbe: Entfernen Sie großzügig die harten äußeren Blätter, bis Sie auf weichere stoßen, schneiden Sie die Spitze der Knospe ab. Am besten eignet sich für diese Arbeit ein kleines, scharfes Messer. Bei dieser Operation ist es wichtig, möglichst radikal vorzugehen. Es wird viel Abfall geben, aber auf einem harten Artischockenblatt, das auch nach langer Zubereitung noch nicht weich ist, will niemand herumkauen. Diese Radikalität gilt auch für Spitzen. Je nach Artischockensorte schneidet man ein Drittel bis zur Hälfte der Knospe weg. Nun legen Sie die geputzte Artischocke (im Ganzen oder in kleinere Stücke geschnitten) sofort in kaltes Zitronenwasser. Dafür gibt man den Saft von mindestens einer halben Zitrone in kaltes Wasser und legt auch die ausgepresste Zitrone selbst hinein. Für Artischocken im Speziellen und für alle anderen Rezepte werden daher immer Bio-Zitronen mit unbehandelter Schale verwendet. Die so geputzte Artischocke ist das Artischockenherz.

Die Artischocken (und die in 4–5 cm lange Stücke geschnittenen Stiele) bleiben für ca. 20 Minuten im Zitronenwasser. Mit einem Teller, der die Teile beschwert, kann man notfalls sicherstellen, dass die Artischocken wirklich ganz unter Wasser sind. Wenn sie im Ganzen im Zitronenwasser schwimmen, neigen sie nämlich dazu, einen kleinen Teil von sich über Wasser zu halten.

Und was macht man mit all dem Abfall? Nicht viel. Oder unser erstes Rezept.

Artischockenfond

Die äußeren Blätter und die Spitzen der Artischocke sind bitter und hart. Wir werden sie für einen Fond verwenden, den wir als Basis für ein Risotto oder für eine Cremesuppe nutzen können. Der Geschmack dieses Fonds ist relativ stark. Er wird den Speisen einen leicht bitteren Geschmack verleihen. Daher: Gehen Sie behutsam damit um!

Wir brauchen dafür:
Artischockenabfälle • 4–5 EL Olivenöl • 1 Zwiebel (in Ringe geschnitten) • Wasser

Die Artischockenteile mit einem Messer zerkleinern. In einem Topf ein *soffritto* zubereiten: Öl erhitzen und die Zwiebelringe hinzufügen. Dann die Artischockenteile dazugeben und für wenige Minuten anbraten. Anschließend geben Sie kaltes Wasser dazu und kochen den Fond für 1 Stunde. Den Fond anschließend abseihen.

Artischockenrisotto

Risotto ist eines der wichtigsten italienischen Gerichte. Wie die Pasta kann man Risotto in unzähligen Variationen, mit saisonalem Gemüse, Fleisch, Fisch etc. zubereiten. Artischockenrisotto vereinigt unterschiedliche Traditionen: Während die Artischocken vor allem ein Produkt aus Süditalien und der italienischen Inseln sind, ist Risotto eines der wichtigsten Rezepte aus Norditalien. Für Risotto braucht man – wie immer – die richtigen Zutaten, Grundkenntnisse der Zubereitung und … ein bisschen Geduld!

> *Für dieses Rezept brauchen wir:*
> *Artischocken (1 pro Person) • Zitronensaft • Risottoreis (ca. 2 Handvoll pro Person) • Artischockenfond – falls wir den Risotto nicht zu bitter haben wollen, verwenden wir eventuell eine Mischung von Artischockenfond und Gemüsefond (ca. 1 Liter pro 300 g Reis) • Butter • 1 Zwiebel (gehackt) • 1 Glas trockenen Weißwein • Parmesan (frisch gerieben) • Salz und Pfeffer*

Zuerst – wie immer – putzen wir die Artischocken. Die äußeren Blätter verwenden wir für den Fond und die geputzten Artischocken, in Viertel geschnitten, legen wir in Zitronenwasser. Es ist wichtig, den Fond zu erhitzen, damit der Reis gut kochen kann.

Die Kunst des Risottokochens hat ihre Regeln: Die erste Schwierigkeit ist die Wahl der Reissorte. Für Risotto mit Gemüse verwende ich »Vialone Nano« oder »Carnaroli«, der sehr flexibel ist. Dann braucht man die richtige Pfanne: Sie soll breit und nicht zu hoch sein (maximal 10 cm).

Dann machen wir den *soffritto*: In der Pfanne ein nussgroßes Stück Butter schmelzen, die gehackten Zwiebeln hinzufügen und braten, bis sie leichte Farbe bekommen. Jetzt wird angeröstet: Wir geben den trockenen Reis nach und nach in die Pfanne mit dem *soffritto*. Rösten Sie den Reis 2–3 Minuten auf starkem Feuer an und rühren Sie dabei mit einem Holzlöffel um. Das Anrösten ist wichtig, um die Reiskörner zu »isolieren«, damit sie während des Kochens kompakt bleiben. Den Risotto mit Wein ablöschen. Lassen Sie den Wein verdampfen, bevor der heiße Fond dazukommt. Wenn der Wein verdampft ist, wird der heiße Fond schöpflöffelweise in den Risotto gegossen. Mit dem ersten Schöpflöffel geben Sie auch die Artischocken dazu. Rühren Sie ständig um, bis der Fond absorbiert ist, bevor Sie weiteren dazugeben. Mit Salz und Pfeffer abschmecken.

Am Ende der Kochzeit (nach 15–20 Minuten), wenn der Fond absorbiert ist, nehmen wir den Risotto vom Herd und rühren Parmesan und Butter unter. Rühren Sie den Risotto noch ca. 2 Minuten. Der Risotto soll nicht zu trocken sein, aber auch nicht zu flüssig.

Gebackene Artischocken in *pastella*

Es gibt Rezepte, die faszinieren und haben Suchtcharakter. Gebackene Artischocken sind so ein Fall. Man kann nicht mehr aufhören. Man vergisst einfach, wie viel man bereits gegessen hat und möchte immer noch eine Artischocke haben. Den Grund dafür verrät uns der italienische Traditionsexperte »Don Pasta«: »*Nel dubbio friggi tutto!* – Im Zweifel alles frittieren!«[4] Denn Frittieren ist eine klassische Garmethode, die aus wenigen, mitunter nicht so erlesenen Zutaten ein köstliches Gericht zaubert.

Die gebackenen Artischocken kann man als Vorspeise, aber auch als Beilage für Fleisch oder Fisch servieren. In der ursprünglichen Version ist dieses Rezept vegan, weil die *pastella* – also der Backteig – nur mit Mehl und Wasser gemacht wird und das Fett im Mittelmeerraum traditionell Olivenöl ist. Die Version, die ich hier vorstelle, ist vegetarisch – mit einem Ei im Backteig.

> *Für 4 Personen brauchen wir:*
> *4 Artischocken • Zitronensaft •*
> *50 g Mehl • 1 Ei (getrennt) • 50 ml*
> *gekühlten, trockenen Weißwein • Salz •*
> *reichlich Olivenöl zum Backen • 1 Zitrone*

Putzen Sie die Artischocken, schneiden Sie sie in Viertel und legen Sie diese für 20 Minuten in Zitronenwasser.

Dann bereiten wir die *pastella* zu: In einer Schüssel das Mehl, Eigelb und Wein zu einem nicht zu flüssigen Backteig verrühren. Das Eiweiß zu Schnee schlagen und langsam in den Teig einheben, bis dieser homogen ist.

Die Artischockenviertel in gesalzenem Kochwasser für 2–3 Minuten blanchieren und anschließend abtropfen lassen. Dann in den Backteig tauchen und beidseitig in heißem Öl backen, bis sich der Teig leicht aufbauscht und goldbraun ist. Auf Küchenrolle abtropfen lassen, evtl. nochmals kurz salzen und mit Zitronenspalten servieren.

4   *Artusi Remix, viaggio nella cucina popolare italiana,* Don Pasta, Mondadori, 2014

Artischockenflan

Für dieses französische Rezept eignen sich am besten kleinere, ganz frische, junge Artischocken, die man am Anfang der Saison bekommt. Man verwendet nur die Artischockenherzen, also keine Stiele. Dieses Rezept bringt die typische Eleganz der französischen Küche auf den Tisch.

Für 6 Personen brauchen wir:
4 Artischocken • Zitronensaft • Olivenöl • 1 Knoblauchzehe • Petersilie & Minze (gehackt) • etwas Parmesan •
2 Eier • 100 g frischen Ziegenkäse • etwas Milch
Für die Béchamelsauce brauchen wir:
50 g Butter • 50 g Mehl • ½ l Milch • Salz • Muskatnuss

Die Artischocken laut Anleitung putzen und für mindestens 20 Minuten in Zitronenwasser legen. Anschließend die Artischockenherzen in dünne Streifen schneiden.

In einer Pfanne das Öl erhitzen, die Knoblauchzehe anbraten, die Artischockenstreifen hinzufügen, kurz anbraten und dann einen Schöpflöffel Wasser dazugießen. Bei niedriger Temperatur für ca. 15 Minuten schmoren, mit Petersilie und Minze abschmecken.

In einem anderen Topf die Béchamelsauce zubereiten: Die Butter zerlassen, das Mehl nach und nach hinzufügen und immer wieder umrühren. Die Milch ebenfalls nach und nach dazugießen und mit einem Schneebesen schlagen, bis die Sauce dickflüssig ist. Mit Salz und Muskatnuss abschmecken.

Den Topf vom Herd nehmen, die Artischocken, den Parmesan und die verquirlten Eier in die Béchamelsauce geben und zu einer gleichförmigen Creme verrühren. Die Artischockencreme in kleine gefettete feuerfeste Formen einfüllen. Diese auf ein Backblech mit Wasser stellen und im Backofen bei 170 °C für ca. 45 Minuten garen. Wenn die Artischockenflans aufgegangen und goldbraun sind, aus dem Backofen nehmen und für 10 Minuten abkühlen lassen.

In einem kleinen Topf den Ziegenkäse in etwas Milch auflösen, die Artischockenflans damit bedecken und dann warm oder lauwarm servieren.

Artischockensalat mit oder ohne Rucola

Für Artischocken-Neulinge ist die Entdeckung, dass man Artischocken auch roh essen kann, eine Überraschung. Das Geheimnis ist – wie immer – die Vorbereitung der Artischocke. Grundsätzlich ist das eines der einfachsten Rezepte. Für die Marinade stelle ich die Grundidee vor, die mir persönlich am besten schmeckt. Aber man kann wie auch sonst bei Salaten variieren und experimentieren.

Für dieses Rezept brauchen wir:
1 Artischocke pro Person (falls sie sehr klein sind,
2 pro Person) • Zitronensaft • gutes Olivenöl • Salz •
frische Minze

Für den Artischockensalat schneidet man die äußeren Blätter und Stiele weg und verwendet sie für andere Rezepte. Die ersten Blätter, die man für den Salat nutzen kann, sind jene, die an der Abrissstelle hellgelb oder fast weiß sind. Diesen Teil kann man verwenden und in dünne Streifen schneiden – bis dorthin, wo sie leicht geschnitten werden können. Das ist bei diesen Blättern meist sehr wenig, aber es wäre schade, die Teile nicht zu verwenden.

Die Streifen legt man sofort in Zitronenwasser. Schritt für Schritt entfernt man so die äußeren Blätter und nutzt deren untere weiche Teile für den Salat. Sobald man zu den weichen Blättern vorgedrungen ist, schneidet man die Spitze der Artischocke ab und halbiert die Knospe der Länge nach. Entfernen Sie die Haare im Inneren des Artischockenherzens und schneiden Sie die weichen Herzteile ebenfalls in dünne Streifen.

Nach 20 Minuten im Zitronenwasser seihen Sie die Artischockenstreifen ab und marinieren den Salat in einer Schüssel mit Olivenöl, Zitronensaft, Salz und gehackten Minzeblättern. Man kann den Salat pur essen oder auch Rucola hinzufügen.

Artischockenlasagne

Die Lasagne ist ein Gericht mit einer sehr alten Geschichte: Schon die Etrusker haben eine erste Version mit Dinkelmehl zubereitet. Die Römer haben für den Teig bereits Weizenmehl verwendet. Die moderne Variante der Lasagne mit Schichten ist – so sagen Historiker und Historikerinnen – eine Erfindung des italienischen Mittelalters. Sie ist heute ein Klassiker der italienischen Küche und weltberühmt, wobei vorwiegend die Variante *alla Bolognese* bekannt ist, also mit einem *ragù* (einer Tomatensauce mit Hackfleisch vom Rind, Stangensellerie, Karotten und Lorbeer). In Italien bereitet man die Lasagne aber auf viele verschiedene Arten zu. Die vegetarische Artischockenlasagne ist eine der interessantesten und köstlichsten Interpretationen. Sie ist so gut, dass sie eigentlich nur mit selbstgemachten Lasagneblättern zubereitet werden sollte. Es ist heute zwar relativ einfach, fertige Lasagneblätter im Supermarkt zu kaufen, aber deren Qualität ist sehr unterschiedlich und oftmals nicht die beste. Die Lasagne ist darüber hinaus *das* Rezept für das italienische Mittagessen am Sonntag: Wenn man also Zeit und Lust hat, ein wenig länger in der Küche zu stehen und für die ganze Familie zu kochen, lohnt es sich, die Lasagneblätter selbst zu machen.

Für dieses Rezept brauchen wir:
1 Artischocke pro Person • Zitronensaft • Olivenöl •
1 Zwiebel (in Ringe geschnitten) • Salz • Pfeffer • Par-
mesan (gerieben)
Für die Béchamelsauce brauchen wir:
100 g Butter • 100 Mehl • 1 l Milch • Salz • Muskatnuss
Für den Teig brauchen wir:
wie für alle frischen Nudeln 1 Ei pro 100 g Mehl (ca.
60 g Mehl pro Person), plus mehr für die Arbeitsfläche
Mischen Sie die Eier sorgfältig mit dem Mehl. Für einen
guten Nudelteig ist wichtig: kneten, kneten und nochmals kneten, mindestens 10 Minuten lang (besser 15 Minuten). Dann eine Kugel formen und den Teig in einer
Schüssel zugedeckt ca. 20 Minuten ruhen lassen. In dieser Pause kann man die Artischocken putzen.

Für dieses Rezept schneidet man die Artischockenherzen in Spalten und belässt sie wie üblich für 20 Minuten im Zitronenwasser.

Den Teig auf einer bemehlten Arbeitsfläche ausrol-
len, in 10 cm große Quadrate schneiden und in einem
Topf mit kochendem Salzwasser 1–2 Minuten vorko-
chen. Abgießen und die Teigblätter nebeneinander auf
ein feuchtes Geschirrtuch legen. In einer Pfanne das Öl
erhitzen und die Zwiebelringe kurz anbraten. Die Artischockenstücke dazugeben und einige Minuten mitbraten, bis die Artischocken etwas weicher geworden sind,
mit Salz und Pfeffer abschmecken und die Pfanne dann
vom Herd nehmen.

In einem anderen Topf die Béchamelsauce zubereiten: Die Butter zerlassen, das Mehl nach und nach hinzufügen und immer wieder umrühren. Die Milch ebenfalls
nach und nach dazugießen und mit einem Schneebesen
zu einer dickflüssigen Sauce rühren. Mit Salz und frisch
geriebener Muskatnuss abschmecken.

Jetzt können wir in einer Backform unsere Lasagne machen. Den Boden der Form etwas mit Öl bestreichen und mit einer Schicht Lasagneblätter auslegen. Etwas Artischocken und Parmesan gleichmäßig darauf verteilen, darüber Béchamelsauce verteilen. Die restlichen Zutaten nach dem gleichen Prinzip schichten. Zum Abschluss Béchamelsauce darübergießen, Butterflocken und Parmesan daraufstreuen und für ca. 30 Minuten im vorgeheizten Backofen bei ca. 180 °C backen.

Artischocken-Kartoffelgnocchi mit Miesmuscheln

Dieses Rezept gehört zur Gruppe der kulinarischen Versuchungen – vor allem wenn man weit weg vom Meer lebt und eigentlich lokale, saisonale Produkte zum Kochen verwenden möchte. Die kulinarische Anziehungskraft der Miesmuscheln ist aber so groß, dass man sich dieses Rezept – obwohl man die Muscheln leider nicht in der Donau oder im Rhein findet – dennoch hin und wieder gönnen kann, vielleicht sogar muss. Wenn man sich allerdings in Sardinien befindet, woher das Rezept stammt, sollte man diese Sünde so oft wie möglich begehen – aber dort ist es ja keine Sünde.

Die Basis des Gerichtes ist ein reichhaltiger Teig für Kartoffelgnocchi, dem man eine Artischockencreme hinzufügt. Die Gnocchi werden dann mit einer Miesmuschelsauce serviert. Man kann zu dieser Variante von Gnocchi sicherlich viele andere Saucen ausprobieren. Dies gehört übrigens noch zu meinen Projekten für die Zukunft – einfach weil diese Gnocchi für sich schon eine Versuchung sind.

Für 4 Personen brauchen wir:
4 Artischocken • ½ kg mehlige
Kartoffeln • ca. 150–200 g Mehl •
Salz • Olivenöl • 1 kg Miesmuscheln •
etwas gehackten Knoblauch • 1 Glas
Weißwein

Zuerst putzen wir die Artischocken und legen sie für 20 Minuten in kaltes Zitronenwasser. Dann kochen wir sie 10 Minuten in Salzwasser, lassen sie abtropfen und pürieren sie in einem Mixer.

Die ungeschälten Kartoffeln weich kochen, schälen und noch heiß durch eine Kartoffelpresse drücken. Mehl, die pürierten Artischocken und eine Prise Salz dazugeben und alles zu einem Teig kneten. Aus dem Teig Rollen von 1,5 cm Durchmesser formen und diese in 2 cm dicke Stücke schneiden. Die Gnocchi leicht gegen eine Gabel drücken, damit sie das typische Muster bekommen. Die fertigen Gnocchi auf ein mit Mehl bestäubtes Geschirrtuch legen.

2–3 Esslöffel Olivenöl in einer Pfanne erhitzen, die geputzten Miesmuscheln und den Knoblauch dazugeben und garen, bis sie sich öffnen, dann mit dem Weißwein ablöschen. Die Pfanne vom Herd nehmen, das Muschelfleisch aus den Schalen herausziehen, wieder in die Pfanne zurücklegen und noch weitere 10 Minuten bei kleiner Flamme garen.

In einem anderen Topf Wasser zum Kochen bringen, salzen und die Gnocchi hineingleiten lassen. Sobald sie an der Wasseroberfläche schwimmen, sind sie fertig. Die Gnocchi mit einem Schaumlöffel in die Pfanne zu den Miesmuscheln heben und auch ein wenig Kochwasser hinzufügen, damit die Sauce besser bindet. Anschließend servieren.

Spaghetti mit Artischockenstielen, Pistazien und Zitronen

Wenn man einen Artischockenstiel auseinanderschneidet, sieht man, dass der Innenteil heller ist. Dieser Teil ist auch weicher und kann zu vielen Köstlichkeiten verarbeitet werden. Für dieses Rezept entfernen wir die äußere Schicht mit einem Kartoffelschäler – so wie man Spargel schälen würde – und schneiden die Stiele in etwa 5 cm lange Stücke. Danach kommen sie für ca. 20 Minuten in Zitronenwasser, werden anschließend in 2–3 mm dünne Streifen geschnitten und wieder in das Zitronenwasser gelegt.

Für dieses Rezept brauchen wir:
ca. 4 Artischockenstiel-Stücke (je 5 cm lang) pro Person • 1–2 Bio-Zitronen • frische Minze • Olivenöl • Salz und Pfeffer • Pistazien (ca. 5 g pro Person) • geriebenen Parmesan • Spaghetti (ca. 80 g pro Person)

Zitrone dünn schälen, Saft auspressen. In einer Pfanne gehackte Zitronenschale und Minze in Olivenöl anbraten. Die Artischockenstiel-Streifen dazugeben und ca. 5 Minuten anbraten; mit Salz, Pfeffer und Zitronensaft abschmecken. Gehackte Pistazien mit dem Parmesan in die Artischockensauce rühren. Bei reduzierter Hitze zugedeckt einige Minuten köcheln.

In der Zwischenzeit die Spaghetti in Salzwasser kochen, abgießen (etwas vom Kochwasser aufbewahren), mit einigen Zitronenscheiben in die Artischockensauce rühren, etwas Pastakochwasser hinzufügen. So lange rühren und leicht köcheln, bis die Sauce sämig wird.

PS: Ein weiteres wunderbares Rezept mit Stielen ist, sie einfach zu grillen.

Linguine mit Artischocken und Colatura di alici

Die Inspiration zu diesem Rezept kommt von meiner Leidenschaft für die neapolitanische Kochtradition und deren Ingredienzien. Abgesehen von den Artischocken ist die Hauptzutat für dieses Gericht die *Colatura di alici*, eine Würzsauce aus Sardellen. Sie entsteht durch die traditionelle Konservierung und Reifung der Sardellen, ist ein typisches Produkt der Amalfiküste und quasi die moderne Version des *garum*, einer Würzsauce der antiken Römer. *Colatura di alici* bekommen Sie in italienischen Feinkostläden.

Für dieses Rezept brauchen wir:
1 Artischocke pro Person (geputzt und in Viertel geschnitten) •
Zitronensaft • Olivenöl • 1 Knoblauchzehe (gehackt) •
1 Bund Petersilie (gehackt) • etwas frische Chilischote (gehackt) • Salz • Colatura di alici (1 EL pro Person) •
Linguine (Trockenbandnudeln, ca. 70 g pro Person)

Die geputzten, in Zitronenwasser eingelegten Artischocken in kochendem Salzwasser 5 Minuten blanchieren, abgießen. Das Kochwasser aufheben – wir werden die Nudeln darin kochen.

In einer Pfanne das Öl erhitzen, Knoblauch, Petersilie und Chili darin braten, bis der Knoblauch leicht gebräunt ist. Die Artischocken einige Minuten mitbraten. *Colatura di alici* hinzufügen. Die Hitze reduzieren und alles zugedeckt für einige Minuten leise köcheln lassen.

In der Zwischenzeit die Linguine im Artischockenwasser kochen, bis sie *al dente* sind, und dann in die Pfanne mit der Sauce geben. Etwas Pastakochwasser einrühren und so lange vermischen und leicht köcheln, bis das Wasser verdampft ist.

Lamminnereien mit Artischocken – *Coratella ai carciofi*

Dieses Rezept ist ein Klassiker der römischen Küche. Es kombiniert zwei wichtige Elemente: Artischocken und Innereien. An dieser Stelle muss ich etwas zum Thema Innereien schreiben: In der römischen Küche werden sie als »fünftes Viertel« bezeichnet. Die Arbeiter im ehemaligen römischen Schlachthaus in Testaccio wurden über Jahrhunderte anstatt mit einem Lohn in Form von Geld mit den übrig gebliebenen Stücken von Schlachttieren bezahlt, welche die Aristokratie und die Reichen nicht so gerne aßen. Das waren etwa Kutteln, Bries, Leber, Nieren, Zunge und Schlepp von Rind, Kalb, Lamm oder auch mindere Hühnerteile.

All diese Innereien und Teile brauchen meist eine lange und kompliziertere Zubereitung – eine absolute Notwendigkeit, will man mit diesen weniger erlesenen Zutaten guten Geschmack erzielen.

Für 4 Personen brauchen wir:
1 kg Coratella – so nennt man in Rom gemischte Innereien von kleinen Tieren (Lunge, Herz, Leber, Bries und Milz) – in diesem Fall vom Lamm • 4 große Artischocken • Saft einer Zitrone • 4 EL Olivenöl • 1 große Zwiebel (gehackt) • 1 Glas trockenen Weißwein • Petersilie (gehackt) • Salz • Pfeffer

Zuerst putzen wir die Innereien: Die Nerven, das überschüssige Fett und das gestockte Blut muss man großzügig beseitigen. Am einfachsten ist es, das Putzen gleich in der Fleischerei erledigen zu lassen. Die geputzten Stücke unter fließendem Wasser waschen. Die *Coratella* in 2–3 cm große Würfel schneiden.

Dann die Artischocken putzen, in Viertel schneiden und wie üblich in Zitronenwasser legen (ca. 30 Minuten).

Das Öl in einem Topf erhitzen. Die Zwiebeln darin rösten, bis sie goldbraun sind. Die Innereien dazugeben und für ca. 5 Minuten bei starker Hitze anbraten, mit dem Weißwein ablöschen und dann die Artischockenviertel hinzufügen. Mit Petersilie, Salz und Pfeffer abschmecken, 2 Schöpflöffel warmes Wasser dazugeben und ca. 30 Minuten schmoren, bis die Artischocken und die Innereien weich sind. Servieren.

Artischocken nach jüdischer Art

Viele Rezepte des Mittelmeers, in denen Artischocken die Hauptzutat sind, wurden von den jüdischen Gemeinden überliefert – sowohl in Italien als auch in Griechenland, Frankreich oder Spanien. Der Grund ist unklar: Es kann sein, dass Jüdinnen und Juden, die aus dem Mittelmeerraum nach Europa kamen, Artischocken mitgenommen haben. Es könnte aber auch sein, dass diese Gemeinden eine spezielle Leidenschaft für das Gemüse entwickelten, weil viele Rezepte mit Artischocken den Regeln der koscheren Küche entsprechen. Schließlich ist es auch möglich, dass die jüdischen Gemeinden, die oft einer Isolation – wenn nicht offener Repression – unterworfen waren, ihre Kochtraditionen besser bewahrt haben. Auf jeden Fall bringen Rezepte wie die Artischocken nach jüdischer Art *(alla giudìa)* Elemente einer alten Weisheit in die Küche. Wir finden dieses Rezept in Kochbüchern ab dem 16. Jahrhundert. Die Juden des römischen Ghettos aßen diese Speise nach einem 24-stündigen Fasten während *Yom Kippur*, der Zeit der Sühne. In anderen italienischen Städten, die relativ große jüdische Gemeinden beherbergten oder die ein Ghetto hatten – wie zum Beispiel Venedig –, findet man interessante Parallelen in der reichen Artischocken-Tradition.

Wenn man zwischen Dezember und April nach Rom reist, sollte man die Gelegenheit keineswegs verpassen, einen Spaziergang durch das jüdische Viertel zu machen und in einem der verschiedenen Restaurants Artischocken zu probieren. Eines der traditionellen alten römischen Restaurants – es existiert seit 1860 – gehört der Familie Piperno, die alle Verfolgungen durch die katholische Kirche, die faschistischen Rassengesetze und die Shoah überlebt hat. Das traditionelle Rezept der »Artischocken nach jüdischer Art« hat die Familie erfreulicherweise bewahrt, wofür wir auf ewig dankbar sein sollten.

Die Besonderheiten dieses Klassikers der römischen Küche – mit Varianten in anderen jüdischen Gemeinden – liegen einerseits in der Artischockensorte, die man verwenden soll: die Sorte *Romanesco*, auch *mammola* (Veilchen) genannt. Andererseits ist die Art und Weise, die Artischocke zu putzen und die Blätter für dieses Rezept zu schneiden, ein wenig anders. Die Romanesco-Artischocken sind groß, rund und ohne Dornen. Am besten verwendet man die ersten Blütenknospen der Pflanze, die aus den dicksten Stielen in der Mitte wachsen, weil diese in ihren Herzen keine Haare haben.

Wie schon gesagt: Die Putz- und Schneidemethode ist die Schwierigkeit bei diesem Rezept: Die äußeren Blätter werden nur so weit beseitigt, bis die Blätter einen gelben Teil haben. Mit einem scharfen kleinen Messer schneidet man dann jedes Blatt horizontal ab, um den oberen dunklen und harten Teil zu entfernen. Die Artischocke wird dabei gedreht. So wird Blatt für Blatt vorbereitet, bis die Artischocke wie eine Rose aussieht. Die »Rose« mit einer Zitrone abreiben. Dann die äußere Schicht des Stiels – er bleibt dran und sollte mindestens 5 cm lang sein – abschälen. Auch den Stiel mit Zitrone gut einreiben und die geputzten Artischocken für 20 Minuten in Zitronenwasser legen.

Zum Kochen brauchen wir eine Pfanne mit hohem Rand, in die man so viel Olivenöl (extra nativ) füllt, dass die Artischocken halb bedeckt sind. Das Öl langsam erhitzen.

Die Artischocken aus dem Wasser nehmen, abtrocknen und mit dem Kopf nach unten auf die Arbeitsfläche klopfen – das wird das Aufblühen der »Rose« erleichtern. Die Artischocken seitlich in das Öl legen und bei mittlerer Temperatur für ca. 10 Minuten braten, bis die Stiele etwas weicher geworden sind; regelmäßig wenden damit die Knospen von allen Seiten gebraten werden.

Die Artischocken herausnehmen und mit der Kopfseite nach unten auf Küchenpapier abtropfen lassen. Mit den Händen – oder mit zwei Gabeln – die »Rosen« öffnen und mit Salz und Pfeffer bestreuen.

Die Temperatur des Öls nun erhöhen und die Artischocken mit dem Kopf nach unten wieder in das Öl tauchen. Nach ca. 5 Minuten die Artischocken kurz herausziehen, mit etwas trockenem Weißwein beträufeln und erneut ins Öl tauchen, bis die Blätter knusprig und goldbraun sind. Aus dem Öl nehmen und servieren.

Artischocken aus Calahorra in ihrer Sauce

Für dieses Rezept aus Nordspanien brauchen wir:
Artischocken (wie so oft 1 Stück pro Person) • Zitronensaft • etwas Mehl • Olivenöl • Salz • 1 Zwiebel (gehackt) • 1 Knoblauchzehe (gehackt) • 1 Scheibe Prosciutto (oder Jamón Serrano) pro Person

Wir bereiten eine Sauce zu, in der wir die Artischocken schmoren: Zuerst die Artischocken putzen, in Stücke schneiden und für ca. 20 Minuten in Zitronenwasser legen, dem wir auch 1 Esslöffel Mehl hinzufügen. In einem Topf bringen wir Wasser mit etwas Olivenöl und Salz zum Kochen. Die Artischocken hinzufügen und so lange kochen, bis sie weich sind. Dann das Wasser vom Herd nehmen. Einen Teil des Wassers heben wir für die Sauce auf.

In einer Pfanne Olivenöl erhitzen, Zwiebel und Knoblauch kurz anbraten und den in Streifen geschnittenen Prosciutto hinzufügen. 1 Esslöffel Mehl dazugeben und anrösten. Das Artischockenwasser, das wir beiseite gestellt haben, hinzufügen, mit Salz abschmecken und mit einem Kochlöffel langsam umrühren. Wenn die Sauce etwas reduziert ist, die Artischocken hinzufügen, für einige Minuten schmoren und dann servieren.

Artischocken alla matticedda

Die Geschichte dieses Rezepts ist eine Kombination aus Tradition, Anekdoten und kulinarischen Weisheiten der Region Latium. Die *matticedda* ist ein Reisigbündel, das man aus den Trieben der Weinrebe bindet. Diese Zweige werden zu Frühlingsbeginn geschnitten und aufbewahrt. Die Triebe haben unregelmäßige (*matte* heißt verrückt, verdreht) Formen. In der Zeit der Traubenlese werden diese Bündel verbrannt und die Artischocken in deren Glut gegrillt. Eine Anekdote erzählt, wie das Rezept entstand:

Ein Mädchen namens Assuntina traf sich in einem Weinberg insgeheim mit ihrem Liebhaber. Dabei vergaß sie die Artischocken auf der Holzglut. Um die Artischocken zu retten und um von ihrem Vater nicht bestraft zu werden, beschloss sie, die »gegrillten« Artischocken mit Knoblauch und Olivenöl zu füllen.

Das Rezept, ein Klassiker der Zeit der Traubenlese, ist nicht schwierig: Man braucht dafür *matticedde* (die richtigen!) und etwas Geduld: Die *matticedde* müssen langsam abbrennen, um zur Glut zu werden. Die Frage, ob man dieses Rezept auch ohne *matticedde* machen kann, ist einfach zu beantworten: Nein! Wir sollten uns wieder darauf besinnen, dass nicht alles, was theoretisch möglich ist (z.B. Grillen in einem Ofen), auch wirklich umgesetzt werden sollte. Möchte man dieses Rezept probieren, ist die Freundschaft mit einem Weinbauern oder einer Weinbäuerin hilfreich. Man sollte sie während der Traubenlese besuchen, um den neuen Wein zu verkosten und so die Grundlagen für dieses Rezept zu legen. Ist das nicht zehnmal besser, als es in einem Ofen zu probieren?

Für dieses Rezept brauchen wir:
römische Artischocken (also die großen runden ohne Dornen) • Zitronensaft • Knoblauch • frische Minze • Guanciale (luftgetrocknete Schweinebacke, ersatzweise luftgetrockneten Bauchspeck) • Olivenöl • Salz • Pfeffer
Zuerst putzen wir die Artischocken und legen sie 20 Minuten in Zitronenwasser. In einem Mixer Knoblauch, Minze und Guanciale mit Olivenöl zerkleinern und vermischen, mit Salz und Pfeffer abschmecken. Diese Mischung wird zwischen die Blätter der Artischocken geschoben. Die Artischocken werden auf die Holzglut gelegt und gegrillt. Wenn die äußeren Teile hellbraun sind, soll man sie sofort essen.

Artischocken mit Orangen

Die Kombination von Artischocken mit Orangen findet man in vielen Ländern des Mittelmeers, vor allem im Winter. Der süße Orangensaft verleiht dem bitteren Geschmack der Artischocke Milde. In vielen Rezepten fügt man auch Zucker oder Honig hinzu.

Das nachstehende Gericht ist eine tunesische Variante.

Für ca. 6 Personen brauchen wir:
4 große Artischocken • 2 Zitronen • Olivenöl • 2 Knoblauchzehen (zerdrückt) • 100 ml frisch gepressten Orangensaft • Salz & Pfeffer • Schale von 2 Bio-Orangen • frisches Koriandergrün • 1 EL Zucker • frische Minze

Die Artischocken putzen, in Viertel schneiden und diese für 20 Minuten in Zitronenwasser legen.

In einer Pfanne Öl erhitzen und den Knoblauch bräunen. Den Orangensaft und den Saft einer Zitrone hinzufügen, salzen, pfeffern und umrühren. Die Artischocken hinzufügen und mit einem Glas Wasser bedecken. Für ca. 30 Minuten schmoren, bis die Artischocken weich sind.

Gehackte Orangenschale (von einer Orange), gehackten Koriander, Zucker und etwas Orangensaft in einem kleinen Topf für einige Minuten kochen, bis die Mischung zu einer sirupartigen Sauce geworden ist. Falls sie zu viel Säure hat, noch etwas Zucker hinzufügen. Mit Salz, Pfeffer, Zitronensaft und Olivenöl abschmecken.

Die Artischocken in diesem Sirup abkühlen lassen, mit gehackter Minze bestreuen und servieren.

Provençalische Artischocken

Für dieses französische Rezept brauchen wir:
1 Artischocke pro Person • Saft einer Zitrone •
1 frische Tomate pro Person • Olivenöl • Jungzwie-
bel (in Ringe geschnitten) • Speck (gewürfelt) • Basili-
kum • Thymian • trockenen Weißwein • etwas Gemü-
sefond • Salz & Pfeffer

Artischocken putzen, in Spalten schneiden und diese für 15 Minuten in Zitronenwasser legen.

Die Tomaten an der Unterseite mit einem kleinen Messer kreuzförmig einritzen und 30 Sekunden in kochendem Wasser blanchieren. Herausnehmen, die Haut abziehen und die Tomaten in Scheiben schneiden.

In einer Pfanne Öl erhitzen, Zwiebel und Speck bei niedriger Temperatur ca. 10 Minuten leicht bräunen. Die Temperatur erhöhen, die Artischocken dazugeben und ca. 5 Minuten anbraten. Basilikum und Thymian dazugeben, mit Wein ablöschen und verdampfen lassen. Die Temperatur reduzieren, den Gemüsefond zugießen zugedeckt ca. 15 Minuten köcheln. Die Tomaten hinzufügen und noch wenige Minuten garen. Den Deckel abnehmen, mit Salz und Pfeffer abschmecken, die Restflüssigkeit verdampfen lassen und servieren.

Gefüllte Artischocken

Die Idee, Artischocken zu füllen, hat sicher etwas mit ihrer Form zu tun, so wie bei vielen anderen Gemüsesorten auch. Viele Artischockenklassiker in unterschiedlichen Kochtraditionen sind Rezepte für gefüllte Artischocken. Ich kann hier nur ein paar Varianten vorstellen. Sie sollen als Inspiration für verschiedene andere Füllungen dienen. Der Kreativität sind hier wirklich keine Grenzen gesetzt.

Die ideale Artischockensorte für solche Rezepte sind die großen runden. Aber letztlich bestimmt der Ort, welche Artischocken man findet.

Sizilianische Artischocken

Dieses Rezept ist in Sizilien ein Klassiker und ein perfektes Beispiel der *cucina povera* – »Küche der armen Leute«. Die angebratenen und dann im Ofen gratinierten Artischockenherzen sind mit einer vegetarischen Mischung gefüllt, die Brösel bzw. altbackenes Brotinneres enthält. Rezepte der Volksküche bestehen aus günstigen und einfachen Zutaten, die Endprodukte sind äußerst wohlschmeckend.

Die hier vorgestellte Füllung kann man auch für andere Gemüsesorten verwenden, wie zum Beispiel für Zucchini, Paprika oder Zwiebeln. Und man kann die Füllung durch die Zugabe eines Stücks Provolone dolce reichhaltiger machen. Die gefüllten Artischocken werden so zur Hauptspeise und können z.B. mit einem gemischten Salat serviert werden.

Für dieses Rezept brauchen wir:
1 Artischocke pro Person (in Sizilien wäre das allerdings nur eine halbe Portion!) • Zitronensaft • ca. 150 g altbackenes, geriebenes Brotinneres oder Brösel (Paniermehl) • 1 Knoblauchzehe (gehackt) • Petersilie (gehackt) • Parmesan (gerieben) und Pecorino (also reifen Schafkäse) • Provolone dolce (gewürfelt) • Salz & Pfeffer • Olivenöl

Die Artischocken putzen. Mit einem kleinen Messer die Haare im Artischockenherz beseitigen und die Herzen für mindestens 20 Minuten in Zitronenwasser legen.

In einer anderen Schüssel die Füllung zubereiten: Das Brotinnere oder die Brösel, den Knoblauch, die Petersilie, den geriebenen Käse bzw. die Käsewürfel, eine Prise Salz und Pfeffer mischen. Die Masse mit Olivenöl etwas befeuchten: Sie soll nicht klebrig sein, sondern körnig, aber gleichzeitig weich. Den oberen Teil der Artischockenherzen vorsichtig öffnen und mit der vorbereiteten Mischung füllen. Die Artischocken stehend in eine feuerfeste Pfanne setzen. Ein wenig Wasser, Olivenöl und Zitronensaft hinzufügen und für ca. 15 Minuten zugedeckt schmoren, bis die Artischocken weich sind.

Um den Artischocken etwas Bräune zu verleihen, die Pfanne für wenige Minuten bei eingeschaltetem Grill in den vorgeheizten Ofen stellen und anschließend servieren.

Griechische Artischocken

Diese Speise kommt aus der Hirtentradition des Mittelmeers. Wie so oft findet man in Ländern, die eine ähnliche Landwirtschaft haben und ähnliche Produkte erzeugen, auch lokale Rezeptversionen, die fast identisch sind. Daran wird die gemeinsame mediterrane Kultur sichtbar, die Länder wie Kroatien und Griechenland und Regionen wie Sardinien und Kalabrien trotz ihrer geografischen Entfernung verbindet.

Das Rezept für griechische Artischocken wird sowohl in Griechenland als auch in Sardinien zubereitet. In dieser Variante ist die Hauptzutat für die Füllung Lammfleisch.

Für 4 Personen brauchen wir:
1 Artischocke pro Person 1 Zitrone • ca. 150 g Hack-
fleisch vom Lamm • 1 Handvoll Petersilie • 1 Knob-
lauchzehe • Salz & Pfeffer • Olivenöl • 1 Zwiebel (in
Ringe geschnitten) • ca. 100 g Parmesan (gerieben) •
1 Ei • 1 Handvoll Brösel (Paniermehl) • ein wenig
Gemüsefond

Das Putzen der Artischocken ähnelt dem Vorgang im vorherigen Rezept: Die Stiele und die äußeren Blätter sowie die Artischockenspitzen entfernen. Mit einem scharfen Messer die oberen Teile der Herzen einschneiden, die Artischocken mit den Fingern etwas öffnen und ca. 20 Minuten in Zitronenwasser legen. Dann die Artischocken für ca. 5 Minuten in Salzwasser kochen.

Inzwischen bereiten wir die Füllung zu: In einer Schüssel das Hackfleisch mit der Petersilie und dem Knoblauch (beide gehackt), Salz und Pfeffer mischen. Das Öl in einer Pfanne erhitzen, die Zwiebelringe darin anrösten und dann die Fleisch-Mischung hinzufügen, einige Minuten braten, dann vom Herd nehmen und abkühlen lassen. Einen Teil des Parmesans, das Ei und die Brösel hinzufügen und vermengen.

Die Artischocken mit der Masse füllen und in eine geölte Backform stellen. Ein wenig Gemüsefond dazugießen und bei 180 °C für ca. 20 Minuten zugedeckt im vorgeheizten Ofen schmoren. Den Deckel abnehmen, die Artischocken mit dem restlichen Parmesan bestreuen und noch weitere 10 Minuten überbacken und servieren.

Türkische Artischocken

Dieser Klassiker der türkischen Kochtradition hat etwas Spezielles, denn dieses Rezept wurde in Regionen entwickelt, in denen die Artischocken oft trocken und die Blätter mitunter etwas holzig sind. Aber die Faszination der

Artischocken hat die Kreativität beflügelt und so wurde dieses vegane Rezept erfunden, das nur die Artischockenböden verwendet.

Für dieses Rezept brauchen wir:
2 Artischockenböden pro Person • Zitronensaft •
1 EL Mehl • 1 Zwiebel • 1 Knoblauchzehe •
Olivenöl • 1 Kartoffel • 1 Karotte • 100 g
Erbsen • Zucker • Salz & Pfeffer • etwas
Petersilie oder Dill zum Darüberstreuen

Zuerst die Artischockenböden von den Blättern und der Spitze trennen und für ca. 20 Minuten in Zitronenwasser legen. Um den Artischockenböden eine gleichmäßige Form zu geben, kann man mit einem Kartoffelschäler etwas nachhelfen.

Einen Esslöffel Mehl in einem Topf mit kochendem Zitronenwasser auflösen und die Artischockenböden für ca. 15 Minuten darin kochen, bis sie weich sind. Die gehackte Zwiebel und die gehackte Knoblauchzehe in einer breiten Pfanne in Olivenöl anbraten. Die Kartoffel und die Karotte würfelig schneiden und ebenfalls in die Pfanne geben, wenige Minuten anbraten. Anschließend die Erbsen beimengen, ein Glas Wasser und ein wenig Zucker hinzufügen und alles köcheln lassen, bis das Wasser verdampft ist. Mit Salz und Pfeffer abschmecken. Am Schluss geben wir die Artischockenböden dazu und lassen sie für wenige Minuten in der Pfanne, damit sie den Geschmack des anderen Gemüses aufnehmen können. Falls nötig, noch etwas Wasser hinzufügen.

Die Artischockenböden auf einen Teller legen, mit dem Gemüse füllen und mit Petersilie (oder Dill) garnieren. Lauwarm servieren.

Artischocken mit Kartoffeln

Die Landbevölkerung Süditaliens stand in erster Linie vor der Herausforderung, mit billigen Produkten zu kochen, um den Hunger zu besiegen. Aber Kochen und Essen waren nicht nur eine Frage der Ernährung, sondern immer auch ein wichtiger Teil des sozialen Lebens – es waren kollektive Rituale, Feiern des Lebens mit Formen archaischer Religiosität. Die Garmethoden waren zwar einfach, aber effizient – und der Geschmack der Speisen alles andere als nebensächlich.

Für dieses Rezept brauchen wir:
1 Artischocke und 1 Kartoffel pro Person • Zitronensaft • Olivenöl • 1 Knoblauchzehe • Salz & Pfeffer • ausreichend Brösel (Paniermehl) • Zucker • Petersilie

Die Artischocken putzen und in Viertel schneiden, die Haare entfernen und die Herzen für ca. 20 Minuten in Zitronenwasser legen. Die Kartoffeln schälen und in Stücke schneiden.

In einer Pfanne mit hohem Rand Olivenöl erhitzen und eine Knoblauchzehe bräunen. Die Artischocken und Kartoffeln in die Pfanne geben, bis zur Hälfte mit kaltem Wasser bedecken, salzen, pfeffern und langsam schmoren, bis die Artischocken und Kartoffeln weich sind und das Wasser fast verdampft ist.

Die Brösel in einer kleinen Pfanne mit 1 Esslöffel Olivenöl und 1 Esslöffel Zucker anrösten. Das Gericht mit den Bröseln und der gehackten Petersilie bestreuen und servieren.

Artischocken alla romana mit Saiblingsfilet

Dieses Rezept ist die Kombination von zwei Speisen, die normalerweise jeweils eine Hauptrolle spielen: die Artischocken mit ihrem Ursprung am Mittelmeer und der Saibling, der aus Alpengewässern kommt. Hier dominiert die Artischocke, die langsam geschmort wird. Es ist ein traditionelles Rezept aus Rom. Die Sauce verwenden wir, um die gebratenen Fischfilets abzuschmecken.

Für 4 Personen brauchen wir:
4 Artischocken mit 5 cm langem Stiel • Zitronensaft •
2 Knoblauchzehen • gehackte Minze & Petersilie •
Salz & Pfeffer • Olivenöl • 1 Glas trockenen Weiß-
wein • 4 kleine Saiblingsfilets (oder 2 größere)

Die Artischocken wie üblich putzen, ganz lassen und in Zitronenwasser legen. Knoblauch, Minze und Petersilie fein hacken, mit Salz und Pfeffer würzen.

Die Artischocken aus dem Zitronenwasser nehmen, abtropfen lassen und mit einem kleinen Messer die Herzen von oben kreuzförmig einschneiden. An den Schnittstellen die Artischocken mit dem Finger leicht auseinanderdrücken und die Kräutermischung hineingeben. Die Artischocken aufrecht in einen Topf setzen, in den Sie vorher je ein Drittel Wasser, ein Drittel Weißwein und ein Drittel Olivenöl gegeben haben. Die Artischocken sollten in der Flüssigkeit halb versinken. Salzen, pfeffern und zugedeckt bei niedriger Temperatur 45 Minuten garen. Nach 20 Minuten die Artischocken wenden.

Wenn die Artischocken fertig sind, die Saiblingsfilets in einer Pfanne mit wenig Öl anbraten, zuerst auf der Seite mit der Haut. Zuletzt mit der Artischockensauce abschmecken und mit den Artischocken servieren.

Artischocken-Caponata

Die Caponata ist ein Sommerrezept aus Sizilien, seine Hauptzutat sind Melanzani (Auberginen). Weniger bekannt ist die Winterversion mit Artischocken. Dieses Rezept ist ein schönes Beispiel dafür, wie man im Rhythmus der Natur mit saisonalen Produkten kochen kann.

Das Gericht ist normalerweise eine Beilage für Fleisch oder Fisch, aber man kann es auch als Hauptspeise servieren. Wir brauchen dafür ein wenig Tomatensauce, ein Klassiker in der italienischen Kochtradition. Sie hat viele Varianten, hier stelle ich eine Basisversion vor, die für viele andere Rezepte verwendet werden kann (z.B. für Nudeln oder zum Schmoren von Fleischgerichten).

Für die Tomatensauce brauchen wir:
2 EL Olivenöl • 500 g geschälte Tomaten aus der Dose (oder frische, geschält und gehackt) • 2 Knoblauchzehen (zerdrückt) • etwas Zucker (oder 1 EL Honig) • Basilikumblätter
Für 5 Personen brauchen wir:
5 Artischocken (Sie wissen schon, in Sizilien wäre das für jeden eine halbe Portion) • 1 Zitrone • 100 g in Salz eingelegte Kapern • 1 große Zwiebel • Olivenöl • ½ Stangensellerie • 200 g grüne Oliven • etwas Tomatensauce • 1 EL Zucker • ½ Glas Weißweinessig • Salz

Zuerst die Tomatensauce: Das Olivenöl in einer Pfanne erhitzen, den Knoblauch hinzufügen und ein wenig braten. Tomaten, Salz und Zucker dazugeben und bei mittlerer Hitze ca. 20 Minuten köcheln. Dabei immer wieder umrühren. Größere Tomatenstücke mit einem Holzkochlöffel zerdrücken. Zum Schluss die Basilikumblätter einstreuen.

Für die Caponata die Artischocken putzen, in Viertel schneiden und in Zitronenwasser legen. Die Kapern unter fließendem Wasser waschen, um sie vom Salz zu befreien. Dann die Zwiebel in Ringe schneiden.

Bei vielen Rezepten, für die man die Zwiebeln weicher machen will, geht man so vor: Die Zwiebelringe in einer Pfanne mit etwas Wasser bedecken und auf kleiner Flamme kochen, bis das Wasser verdampft ist. Dann das Öl hinzufügen und bei niedriger Temperatur die Zwiebeln goldbraun braten.

In der Zwischenzeit den Stangesellerie in 2–3 cm lange Stücke schneiden und in Wasser für ca. 10 Minuten kochen.

Die Artischocken, Kapern, Oliven, Stangenselleriestücke und 1 Esslöffel Tomatensauce in die Pfanne mit den Zwiebeln geben. Nach und nach etwas Stangensellerie-Kochwasser dazugeben und alles bei niedriger Temperatur für ca. 30 Minuten köcheln lassen, bis alles weich ist. Sollte die Artischocken-Caponata zu viel Flüssigkeit haben, die Hitze nochmals erhöhen.

Am Schluss den Zucker in Weißweinessig auflösen und zur Caponata geben, bei hoher Temperatur einkochen. Das Gericht vom Herd nehmen und abkühlen lassen. Kalt servieren.

Garmugia oder Vignarola

Dieses Gericht wird in vielen verschiedenen Regionen Italiens zubereitet. Die beiden Namen, Garmugia in der Nähe von Lucca und Vignarola in Rom, sind die zwei berühmtesten Varianten. Die toskanische Garmugia ist flüssiger, fast wie eine Suppe, während die römische Vignarola trockener ist.

Interessanterweise ist das ein Rezept, das nur innerhalb eines kurzen Zeitraums im Jahr zubereitet wird und zwar dann, wenn »die Sterne und das Schicksal« (so hätten die Bauern und Bäuerinnen es ausgedrückt), die letzten Artischocken, der erste Spargel und die ersten Erbsen sowie die noch frischen Saubohnen zusammen auf den Tisch kommen. Die Zeit dafür ist der Frühlingsbeginn, die wenigen Wochen, in denen die Erde all diese Zutaten gleichzeitig hervorbringt. Man kann dieses Gericht heutzutage sicherlich jederzeit zubereiten, weil die Supermärkte Artischocken, Spargel oder Erbsen aus verschiedenen Kontinenten ganzjährig anbieten. Aber ich finde eine derartige konsumorientierte Kochphilosophie einfallslos.

Ansonsten muss man die Zutatenliste für dieses Rezept nicht so eng sehen: Man kann das verwenden, was im Frühling im Garten wächst, das eine oder andere Gewürz hinzufügen oder weglassen. Nur Artischocken und Spargel dürfen nicht fehlen, sie sind die Essenz in diesem Gericht. Man kann es vegetarisch zubereiten, aber in der Gegend von Rom kommt noch Guanciale – luftgetrocknete Schweinebacke (alternativ kann man luftgetrockneten Bauchspeck verwenden) hinzu. In Lucca gibt es ebenfalls eine vegetarische Version und eine mit Bauchspeck und Hackfleisch vom Kalb. Für die vegetarische Version lassen Sie einfach die tierischen Produkte weg.

Für 4 Personen brauchen wir:
4 Artischocken • Zitronensaft • 50 g Guanciale oder Bauchspeck (in Streifen geschnitten) • 2–3 Jungzwiebeln (fein geschnitten) • Olivenöl • ca. 100 g ausgelöste Erbsen •, 100 g ausgelöste Saubohnen (dicke Bohnen) • 8 mittelgroße grüne Spargelstangen (in ca. 3 cm große Stücke geschnitten) • Salz • altbackenes Brot • Pfeffer
Die Artischocken wie gewohnt putzen, in Streifen schneiden und diese für 20 Minuten in Zitronenwasser legen.

In einem Topf den Bauchspeck und die Jungzwiebeln in Öl bei niedriger Temperatur bräunen. Erbsen, Saubohnen, Spargel und Artischocken hinzufügen. Mit einem Kochlöffel einige Minuten umrühren, heißes Wasser hinzufügen und kochen lassen, bis die Erbsen und die Saubohnen weich sind. Mit Salz abschmecken.

Man kann das Gericht wie eine Suppe oder auch trockener zubereiten. Je nachdem gibt man mehr oder weniger Wasser dazu bzw. lässt dieses mehr oder weniger einkochen. Für die Variante als Suppe das altbackene, in Würfel geschnittene Brot im Ofen kurz anrösten und dann zusammen mit frisch geriebenem Pfeffer und etwas Olivenöl in eine Suppenschüssel legen. Die Garmugia heiß hinzufügen und servieren.

Artischockensorbet

Seit Langem schon wollte ich ein ganzes Menü mit Artischocken zubereiten – von der Vorspeise bis zum Dessert alles mit Artischocken. Mit Leidenschaft versuchte ich, ein geeignetes Rezept für ein Dessert zu finden und zu kreieren. Und ich wurde fündig. In Italien gibt es Artischockensorbet! Die Grundversion dieses Rezeptes kommt aus Sardinien. Da die Artischocken in Deutschland und Österreich im Sommer Saison haben, dachte ich: Eine perfekte Zeit für ein Sorbet! So habe ich auf Basis des italienischen Rezepts meine eigene Version entwickelt. Wichtig ist, den Grundgeschmack der Artischocke zu erhalten, ihn nicht mit zu viel Zucker zuzudecken. Meine Variante ist daher weniger süß als das Original. Die Vollendung bringt das Olivenöl. Die Idee dazu kommt von einem Klassiker der neapolitanischen Kochtradition, dem Tomatensorbet. Dieses wird mit Basilikumblättern und Olivenöl serviert. Auch dem Artischockensorbet gibt das Öl den finalen Kick.

Für dieses Rezept eignen sich am besten nicht zu große, sehr frische und saftige Artischocken.

Für 4 Personen brauchen wir:
2 Artischocken (oder 3, wenn sie wirklich klein sind) •
1 Bio-Zitrone (Saft und Schale) • 100 g Zucker (am
besten Rohrzucker) • frische Minze • 1 Zimtstange •
Olivenöl (extra nativ)

Die Artischocken putzen, in Zitronenwasser legen, zeitgleich eine nicht zu tiefe Metallschüssel in den Tiefkühler stellen, damit das Sorbet nicht zu lange zum Gefrieren braucht.

Dann bereiten wir aus 300 ml Wasser und dem Zucker einen Sirup zu: Dafür das Wasser und den Zucker erhitzen, für 5 Minuten kochen und anschließend abkühlen lassen.

Die Artischocken in Viertel schneiden und für 20 bis 25 Minuten in etwas Wasser mit 4 frischen Minzeblättern und der Zimtstange kochen. Abkühlen lassen. Die Artischockenstücke in einem Mixer pürieren und diese Creme durch ein Sieb in den Sirup streichen und verrühren. Die Mischung in die Metallschüssel füllen und für mindestens 2 Stunden gefrieren lassen. Nach einer Stunde umrühren, um die Ausbildung von Eiskristallen zu verhindern, dann alle 15 Minuten umrühren.

Beim Servieren das Sorbet mit gehackter Zitronenschale und gehackten Minzeblättern garnieren, etwas Olivenöl darüberträufeln.

EPILOG

Artischocken sind für viele Menschen eine unwiderstehliche Versuchung und eine Freude – wenn auch eine, für die man sich Mühe geben muss. Für die Menschen, deren Interesse und Leidenschaft für Artischocken ich entfachen konnte, empfehle ich den Besuch eines der vielen italienischen Volksfeste für Artischocken. Eines der bekanntesten – die »Sagra del carciofo romanesco« – findet im April in Ladispoli unweit von Rom statt. Es ist wahrscheinlich das älteste Fest seiner Art. Seit mehr als 60 Jahren sind die Straßen dieser Stadt an der Küste Latiums mit römischen Artischocken übersät, die in einer unglaublichen Vielfalt zubereitet und mit vielen anderen traditionellen Speisen der römischen Küche kombiniert werden. Die Besucher und Besucherinnen werden natürlich nicht nur mit Essen und Wein verwöhnt, sondern auch mit einem umfangreichen Kulturprogramm: Konferenzen, Ausstellungen, Musikevents. Das Gleiche passiert im November in Apulien in San Ferdinando di Puglia bei der »nationalen Messe für mediterrane Artischocken«. Im April finden in Sizilien zu Ehren der Artischocke verschiedene Volksfeste statt: in Ramacca in der Provinz von Catania oder in Cerda in der Provinz von Palermo. Im März kann man in Sardinien das Volksfest der Artischocke aus Samassi mit Events aller Art besuchen. Das sind nur einige der Feste, deren Ziel es ist, die speziellen und lokalen Artischockensorten zu fördern. Da in Italien mehr als 60 Artischockensorten angebaut werden, finden viele weitere, wenn auch weniger bekannte Veranstaltungen zum Thema Artischocke statt.

Ich hoffe, dass ich mit diesem Buch etwas von der Leidenschaft vermitteln kann, die wir in Italien für Artischocken hegen. Deshalb möchte ich – quasi als Epilog – ein Ereignis aus Sizilien erzählen, von dem man im April 2016 in den sozialen Medien lesen konnte:

Ein Mann, der eine Strafe in Hausarrest verbüßen musste, wurde wieder verhaftet und ins Gefängnis gebracht, weil er sein Haus ohne Erlaubnis verlassen hatte. Er befand sich nicht unweit seiner Wohnung, als die Polizei ihn fand. Der Mann wollte nicht weglaufen, er wollte auch kein Verbrechen begehen und hatte keinen Termin gehabt. Was also war der Grund für seine unbedachte Handlung gewesen? Ganz einfach: Er wollte auf keinen Fall das Artischockenfest in Cerda verpassen. Die Menschen von Cerda meinen – auch wenn es dafür keine klaren Beweise gibt –, dass die ersten in Sizilien kultivierten Artischocken aus ihrem Dorf stammen. Eine riesige Artischocken-Skulptur schmückt daher das Zentrum der Stadt. Das Artischocken-Volksfest von Cerda findet immer am 25. April statt – in Italien ein Feiertag, an dem man die Befreiung vom Faschismus und von Nazideutschland feiert. Neben Konferenzen und Straßenkunst, Musik und Tanz und einem Flohmarkt mit traditionellem sizilianischem Handwerk gibt es natürlich viele gastronomische Stände, die auf die unterschiedlichsten Arten zubereitete Artischocken anbieten.

Die Nachricht vom »entflohenen« Artischockenliebhaber hat eine Welle solidarischer Kommentare nach sich gezogen und zeigt: Der Versuchung der Artischocke kann man einfach nicht widerstehen.

DANKSAGUNGEN

An dieser Stelle möchte ich mich bei Anna Ransmayr, Ilse Henner und Monika Corso dafür bedanken, dass sie mein Deutsch korrigiert und verbessert haben. Auch der Familie Theuringer, Artischockenproduzenten aus dem Marchfeld und vor allem meiner »Komplizin« Stephanie Theuringer danke ich für die nun schon mehrjährige Zusammenarbeit und die Einsichten in die Anbaumethoden. Aus unserer gemeinsamen Leidenschaft für Artischocken ist mittlerweile eine echte Freundschaft geworden. Ich danke dem Verleger Michael Baiculescu für das Vertrauen und die Möglichkeit, dieses Buch zu machen. Es wäre ohne die Geduld und die Begeisterung meiner Frau wohl nie fertig geworden. Sie hat nicht nur das Buch korrigiert, verbessert und interessanter, sie hat mein ganzes Leben schöner gemacht – danke, Alexandra!

ÜBER DEN AUTOR

Bruno Ciccaglione ist in Italien geboren und aufgewachsen. Er hat in Siena Finanzwirtschaft studiert und war mehrere Jahre in Italien gewerkschaftlich und zivilgesellschaftlich aktiv. Seit 2008 lebt er in Wien und hat hier eine seiner Leidenschaften – das Kochen – zu seinem Beruf gemacht. Er ist Privatkoch und führt Italophile in seinen Kochkursen in die Kunst der italienischen Küche ein. Bruno ist auch Musiker, singt und spielt mit seiner Gitarre – allein oder mit dem Trio Amarcord – neben seinen eigenen Liedern auch jene der besten italienischen Cantautori.

Mehr Informationen über Bruno gibt es auf: www.saporito.at

58

REZEPTVERZEICHNIS

mandelbaums *kleine gourmandisen*

Jeweils 60 Seiten | Euro 14,– | Gebunden

APFEL	MELANZANE AUBERGINE
ARTISCHOCKE	MOHN
AVOCADO	MORCHEL
BANANE	ORANGE
BASILIKUM	PASTINAK
BIRNE	PINIE
BUCHWEIZEN	PISTAZIE
CHILI	QUITTE
DATTEL	RADICCHIO
ERBSE	RHABARBER
ERDBEERE	ROSMARIN
ERDNUSS	ROTE RÜBE ROTE BETE
FEIGE	SAFRAN
FENCHEL	SALBEI
GRANATAPFEL	SELLERIE
GURKE	SENF
HASELNUSS	SESAM
HEIDELBEERE	SPARGEL
HIMBEERE	SPEIERLING
HOLUNDER	STEINPILZ
JOHANNISBEERE	TAFELTRAUBE
KAKAO	TOMATE
KARFIOL BLUMENKOHL	THYMIAN
KAROTTE MÖHRE	VANILLE
KICHERERBSE	WALNUSS
LAVENDEL	WEICHSEL SAUERKIRSCHE
LINSE	WEIZEN
MAIS	ZIMT
MANDEL	ZITRONE
MANGOLD	ZUCCHINI
MARILLE APRIKOSE	ZWETSCHGE
MARONE ESSKASTANIE	ZWIEBEL